AF310801

DOUCHET

Métis et congaies d'Indochine

HANOI

1928

DOUCHET

Métis et congaies d'Indochine

HANOI

1928

*Je dédie ce livre à
ma fillette JEANNETTE,
morte si prématurément.*

AVANT-PROPOS

■

Ce livre a été rédigé sans aucun souci littéraire — Il n'est pas présenté sous la forme attrayante d'un roman — L'auteur n'a voulu qu'éclairer les jeunes coloniaux sur les choses d'Indochine, dire la vérité sans restriction aux métis franco-indochinois et à leurs mères en vue de leur amélioration morale.

Métis et congaies d'Indochine

LE MARIAGE DE LA CARPE ET DU LAPIN

Il arrive quelquefois qu'un lapin élevé sous le doux ciel de France, dédaignant l'herbe tendre et le thym parfumé, qu'il y trouve à profusion, émigre en Indochine, atteint par la maladie des voyages et le désir de voir des horizons nouveaux.

Il oubliait autrefois d'emporter une provision de sa nourriture favorite. Maintenant devenu plus sage, il ne l'oublie plus et il a raison.

Autrefois dès son arrivée dans ce pays, il ne tardait pas à souffrir de la faim et faisait son possible pour assurer sa subsistance et c'est ainsi qu'il entrait en relations avec la carpe qui se plait dans la vase et les bas-fonds des étangs.

Le lapin quittant la terre ferme où le sol était aride s'approchait du bord de l'étang et la carpe qui, dans sa vase, ne trouvait pas sa subsistance, essayait de monter à la surface de l'eau pour unir ses efforts à ceux du lapin.

Le lapin a souvent essayé d'attirer à lui sa compagne pour la faire vivre au clair soleil. Il n'y est à peu près jamais parvenu. La carpe qui n'est pas un poisson de surface, obéissant à son instinct, ne peut résister au désir de retourner dans sa vase dès que son appétit est assouvi.

En retournant dans sa vase, la carpe essaie souvent d'y entraîner le lapin. Celui-ci en général résiste et quelquefois sentant ses poils mouillés se hâte de regagner la terre ferme.

Mais souvent il succombe et la carpe se repait de son cadavre pendant très longtemps car le lapin est souvent bien en chair et la carpe qu'il avait choisie est jeune — et presque toujours la carpe réussit à entraîner ses petits dans sa vase.

Ce récit présente sous la forme d'une fable la question du métissage franco-annamite dans ses conditions actuelles.

Il ne faut pas voir là une injure pour la race annamite car dans la mare en question, il y a beaucoup de poissons de surface qui vivent dans l'eau claire. Mais le lapin peu familier avec le milieu aquatique n'essaie même pas d'entrer en relations avec eux car ils sont trop vifs et trop agiles.

JEUNES ET VIEUX COLONIAUX

Le terme jeune colonial s'applique à un Français venu à la colonie depuis peu d'années — et il est sous-entendu dans ce terme que ce Français n'a pu encore au comprendre la mentalité des indigènes d'Indochine. Cela est vrai.

Le terme vieux colonial s'applique à un Français ayant vécu de longues années à la colonie et il est sous-entendu qu'il connaît bien la mentalité des indigènes d'Indochine. Mais cela n'est pas toujours vrai et la preuve en est donnée par tous ces mariages ridicules contractés suivant la loi française par des vieux coloniaux avec des femmes indigènes, montrant ainsi à ce sujet leur défaut d'esprit d'observation, défaut qui n'exclut pas d'autres qualités qu'ils peuvent avoir.

Trop de vieux coloniaux ne sont en fait que de jeunes coloniaux.

LES PÈRES DES MÉTIS

On peut partager les métis en quatre catégories ;

1o — ceux abandonnés par leur père et qui vivent entièrement dans le milieu annamite ;

2o — ceux abandonnés par leur père et qui ont été recueillis par la Société des enfants métis abandonnés.

Les pères des métis de ces deux catégories sont tranquilles et ne risquent pas la prison ;

3o — Les métis élevés par leur père qui, suivant l'expression consacrée, a, par acte de mariage, suivant la loi française, régularisé sa situation avec la mère. Leur père ne risque pas la prison. Mais il encourt une peine infiniment plus sévère.

Lui de race blanche, en général instruit et de haute valeur morale, il est tombé sous le joug d'une femme de couleur de basse extraction dans sa société indigène et ce joug est dur ;

4º — Les métis élevés par leur père qui n'a pas consenti à contracter un mariage régulier avec leur mère. Celle-ci est blessée dans sa vanité, en comparant son sort à celui de ses camarades qui ont réussi à devenir « Madame Français ».

Le père risque la prison — en raison des machinations ourdies contre lui par sa congaie qui trouvera facilement des faux témoins indigènes croyant faire courber la tête à ce Français par la crainte du scandale mais le scandale est moins dur que le joug sous une femme de couleur.

Une coalition de métis, de petites épouses et de leurs complices indigènes avait réussi à me faire condamner à deux mois de prison par suite de leurs accusations mensongères et de leurs faux témoignages — et je jugerais trop long de faire connaître les buts qu'ils poursuivaient.

J'ai dû faire appel pour que la peine de prison soit levée et la peine a été levée.

Mesdames les petites épouses, messieurs les métis, vous m'avez provoqué et ainsi forcé à sortir de mon indifférence et continuer à écrire pour dire ce que je sais de vous et vous apprendre à vous connaître. Vous-mêmes.

Loin de moï l'idée de vous nuire Vous ne pourrez en tirer que profit pour votre amélioration morale et vous apprendrez à avoir du respect et de la reconnaissance pour les Français qui se sont intéressés à vous ou à vos semblables.

Quant aux encongayés (je fais encore partie de leur groupement malgré mes déboires récents, ils pourront y trouver d'utiles conseils.

LES MÈRES DES MÉTIS

Leurs mères sont des congaies.

Le terme congaie n'est que la transformation par les Français du mot annamite « con gai » qui s'applique aussi bien aux toutes jeunes filles non encore mariées qu'aux femmes de mauvaise vie.

Des romanciers français ont désigné ces mères de métis « les petites épouses ». Petites, elles le sont en raison de leur race. Epouses en général non — elles pourront plus tard mériter ce nom lorsque les deux races se seront mieux comprises.

Actuellement le terme petite épouse est trop poétique.

La congaie est toujours sans aucune exception de basse extraction de la société indigène et il n'en peut être autrement.

Un Français célibataire débarque à la colonie. Il ne tarde pas à prendre une compagne indigène, car il est pénible d'être seul quand on rentre chez soi et le fait d'avoir une compagne présente de sérieux avantages au point de vue sanitaire.

En général, ces unions sont très éphémères, ne dépassent pas la durée du séjour colonial du Français et bien souvent sont dissoutes avant la fin du séjour colonial du Français.

Les femmes indigènes savent combien sont précaires ces unions. Seules donc les femmes indigènes appartenant aux couches inférieures de la société indigène consentiront à s'y prêter par intérêt et non par affection.

A un autre point de vue, un Français débarquant en ce pays ignorant la mentalité de la race indigène n'oserait pas s'engager dans une union régulière avec une femme du pays, même si cette dernière appartenait à la haute société indigène.

On peut donc estimer sans crainte de se tromper que toutes les femmes indigènes vivant avec des Français, même celles dont l'union a été régularisée sous la forme du mariage, sont de basse extraction de la société indigène.

Ce n'est pas une injure que je leur adresse car celles qui sont honnêtes et dévouées à leur Français ont entièrement mon estime.

On voit maintenant un peu partout des congaies se pavaner en habits de soie, habiter des maisons luxueuses qui leur appartiennent. Habits et maisons leur ont été donnés par le Français naïf qui bien souvent a disparu prématurément. Leurs mains sont fines car le Français les a dispensées de tout travail.

Au point de vue moral, se sont-elles améliorées par leur contact avec le Français ? En général, il n'en est rien : leur moralité a plutôt baissé. Issues des dernières couches de la société indigène, parvenues à une situation matérielle enviable mais sans effort (leur travail ne s'étant généralement accompli que dans la position horizontale), leur mentalité est devenue la mentalité des parvenus et la vanité inhérente à la race annamite s'en trouve chez elles exacerbée.

De reconnaissance envers le Français, il n'en est pas question.

La congaie n'aime pas le Français avec lequel elle n'a consenti à vivre que par intérêt, sans amitié ni amour — elle en arrive même à la haine plus ou moins dissimulée car elle ne peut pardonner à ce Français dès qu'elle a obtenu de sa liaison avec lui suffisamment d'avantages d'ordre financier, de l'empêcher de vivre avec un homme de sa race.

Les débuts de la liaison sont toujours pleins de charmes. La congaie est douce, empressée et même fidèle. Qui ne connaît la célèbre chanson : « la Tonkinoise ».

Mais en général, cela ne dure pas très longtemps. Après un temps plus ou moins long la congaie devient autoritaire, injurieuse, acariatre, heureuse d'exercer, en la circonstance, sur un homme de la race conquérante la revanche de la race conquise.

Les congaies de français forment un clan, ce qui leur permet de se pourrir mutuellement au point de vue moral.

AVIS AUX ENCONGAYÉS

Ce clan est dirigé contre vous et sans qu'elles ne s'en doutent, en raison de leur faible compréhension, l'action de leur clan se retourne souvent contre elles-mêmes et leurs enfants métis comme le mensonge se retourne contre le menteur.

LES MÉTIS

Il serait difficile de trouver un colonial d'Indochine qui n'aie entendu prononcer, par un de ses compatriotes né sous le pur ciel de France, au sujet d'un acte blâmable commis par un métis, son jugement sous la forme brève : « c'est un métis » estimant inutile d'ajouter un adjectif sous la forme : « c'est un sale métis ».

Ce jugement signifie : c'est un métis, il ne faut pas s'étonner de ce qu'il a fait.

Ce jugement ne s'applique pas à la totalité des métis, car il y a d'honorables exceptions, mais il s'applique à une grande majorité des métis.

Ainsi un certain discrédit plane sur les métis d'Indochine. Il n'est pas immérité et j'en donne la raison — et déchire le voile qui cache la basse moralité de la plupart des métis.

Il est courant d'entendre dire que les métis réunissent les défauts des deux races sans en réunir les qualités.

Cela peut paraître vrai mais cela est faux.

Cela peut paraître être vrai parce que toutes les races ont des défauts communs.

Les métis n'ont que les défauts et les médiocres qualités de leur mère.

Pourquoi donc ?

C'est parce que le caractère de l'enfant est façonné par la mère et dans le métissage indochinois la mère est toujours de basse extraction de la société indigène.

Cette prépondérance de la mère dans la formation du caractère de l'enfant peut passer inaperçue en France où le père et la mère de même race sont en communion d'idées.

Mais cela est flagrant dans une famille de métis où le père et la mère sont de races différentes.

L'action du père ne peut réellement s'exercer sur l'enfant que lorsqu'il a atteint l'âge de raison, c'est-à-dire est presque majeur. Mais bien souvent il est trop tard, le mal est fait.

Combien de métis et surtout de métisses ont déshonoré le nom de leur père français que celui-ci, trop généreux, leur avait trop tôt donné, avant de s'être rendu compte qu'ils méritaient d'entrer dans la grande famille française !

En général, un métis parvenu à l'âge d'homme n'a que la mentalité de sa mère de basse extraction de la société indigène, malgré l'instruction que son père a pu lui faire donner. Sa mère est une parvenue sans effort à une situation matérielle enviable en raison de la générosité du Français. Elle a la mentalité de la parvenue et elle communique à son enfant cette mentalité : orgueil et mépris des inférieurs. Mais bien plus, la mère a communiqué à son enfant, non seulement la haine du père Français mais même la haine de tous les Français.

Ainsi le métis arrive à l'âge d'homme avec une basse mentalité asiatique de dernière catégorie. Il est bien inférieur au point de vue moral à un jeune annamite de la bonne société annamite.

Mais il a été reconnu par le père français. Il est donc français. Il vit à la fois dans le milieu indigène et dans le milieu français. Dans le milieu indigène il fait pis que sa mère aurait pu faire, car lui de basse mentalité indigène a le prestige que lui confère sa nationalité française.

Mais heureusement pour lui il vit également dans le milieu français.

Avec sa mentalité d'indigène de basse extraction, avec sa vanité, son manque de scrupules, il prend confiance en lui-même et en arrive à s'attaquer à un Français croyant qu'il aura raison du Français comme antérieurement il a eu raison facilement d'un certain nombre d'indigènes de la race de sa mère.

Mais le Français n'est pas un Annamite, il ne supporte pas l'injustice. Il réagit — et le métis commence à s'apercevoir que les barbares d'Occident (race de son père) ne sont dénués ni de volonté ni d'intelligence.

Le métis a ainsi reçu une leçon, un choc (au sens figuré) quand le métis a reçu ainsi quelques chocs de la part de Français, il commence alors à comprendre ce qu'est la mentalité française et qu'à la qualité de citoyen français que son père lui a donnée prématurément, il lui faut ajouter les qualités de la race française.

Un métis ayant ainsi reçu de quelques Français quelques leçons pourra alors élever convenablement ses enfants et ses enfants, les quarterons, mériteront en général le titre de citoyen français.

Si aux métis et à leurs mères on disait brutalement et plus souvent la vérité, les uns et les autres auraient moins de défauts.

LA PRIME A LA MORT

La prime à la mort est le mariage plus ou moins régulier contracté par un Français avec une femme de couleur d'Indochine.

Si le Français est fonctionnaire et a droit déjà à une pension de retraite, sa veuve de couleur éplorée, mais mariée légitimement suivant la loi française, sait qu'elle aussi aura droit à une pension de veuve.

Si le Français non fonctionnaire a quelque fortune, sa veuve éplorée sait qu'à la suite d'un mariage régulier ou par l'intermédiaire des enfants métis reconnus, elle pourra jouir de la fortune de son Français mort.

Un Français pour vivre convenablement et sans luxe en Indochine est amené à faire de grosses dépenses. Lui disparu, sa veuve éplorée qui, elle vit à l'indigène, disposant des revenus que lui a laissés le Français mort, se trouve dans la société indigène, au point de vue financier, mais non au point de vue considération, dans une situation très élevée. Et cela est la prime à la mort du Français trop naïf.

Combien de Français vivant avec des femmes indigènes ont disparu brusquement et prématurément, au grand étonnement de ceux qui les connaissaient ! Pour ceux-là le climat tropical a pu intervenir. Mais bien souvent ils ont disparu par empoisonnement préparé par leur femme indigène qui avait intérêt à leur disparition.

En la circonstance la preuve judiciaire est difficile à établir et je crois que jamais la justice d'Indochine n'a consenti à rendre un verdict déclarant qu'un Français était mort empoisonné par sa congaie.

Beaucoup de Français ont conscience de ces actes criminels et en parlent entr'eux. Personne ne l'a encore écrit. Je l'écris, parce que certain de ne pas me tromper aux encongayés, je leur dis ainsi : défiez-vous de vos congaies, si empressées soient-elles auprès de vous ! parce qu'elles peuvent avoir intérêt à votre disparition.

Trop souvent la congaie supprime son Français, dès qu'elle estime qu'il ne lui est plus utile.

Mesdames les petites épouses, les Français d'Indochine commencent à vous connaître et lorsque vous vous en rendrez compte, ce sera tant mieux pour vos enfants métis et même pour vous.

LES FORÇATS DU MÉTISSAGE

Le rêve des congaies de français est d'aller en France. Le voyage pour elles est un enchantement. Elles se pavanent avec leur orgueil asiatique, soit en première, soit en deuxième classe. Elles sont alors ou se figurent l'être les égales des femmes françaises voyageant dans la même classe.

Mais seules n'arrivent à réaliser leur rêve que les congaies des fonctionnaires, car leur voyage est payé par la Princesse.

Le voyage de la congaie ne coûte pas un centime au naïf fonctionnaire et dans sa naïveté ce dernier ne se rend pas compte qu'il a payé largement le voyage de sa dulcinée par le ridicule dont il se couvre à bord du bateau.

Lui Français a oublié la noblesse et la fierté de sa race au point d'admettre comme son égale une femme de couleur qui même ne l'aime pas — et dont il est dupe.

Les monuments de la 3ᵉ République portent encore à leur frontispice les trois mots prestigieux : Liberté, Egalité, Fraternité. Ces mots s'appliquent à la vie intérieure de la nation française. Ces mots ne sont pas des articles d'exportation. Ils datent de la grande révolution française, alors que la France d'abord attaquée par toute l'Europe, a ensuite battu tous les peuples d'Europe à la faveur de l'empire. Ces mots ne correspondent nullement aux relations entre les races différentes et les nombreuses guerres qui ont suivi la chute de l'empire de Napoléon et auxquelles la France a pris une part active le prouvent bien.

Il n'y a pas égalité entre les races et bien malin serait celui qui arriverait à établir que deux individus de races différentes sont égaux au point de vue intellectuel et moral. On ne peut comparer un poulet à un canard — et les Annamites fins observateurs s'en sont bien rendu compte et ils désignent, en souriant, les métis par l'expression: me gà con vit (la mère est une poule et le fils est un canard). Mais moi qui ai compris ce milieu spécial, j'émets une autre opinion : le fils métis est un parvenu qui n'a que le caractère de sa mère parvenue sans effort, le métis a la mentalité d'un parvenu. Tous doivent travailler pour lui : en raison des efforts accomplis par son père, il sent qu'il a la possibilité de vivre sans travailler ; car sa constitution physique lui permet de vivre à la mode indigène c'est-à-dire à peu de frais.

Après quelques mois de son séjour, enchanteur dans la terre des immortels principes, la congaie ne tarde pas, avec son égoïsme, à avoir la nostalgie de sa terre d'Annam — et à faire tous ses efforts avec ses artifices de femme, aidée en cela par ses enfants métis, de basse mentalité annamite (la mentalité de leur mère), pour ramener en Indochine le père français. Presque toujours celui-ci y consent.

Une fille d'Annam ne peut consentir à laisser ses os en terre de France, même après avoir auparavant joui de son climat si doux. Elle veut que ses os reposent en terre d'Annam dans le voisinage des tombeaux de ses ancêtres. Et elle ramène le Français naïf dans sa terre natale. Celui-ci consent à terminer sa vie en Indochine prématurément du fait du climat (à moins que ce ne soit la conséquence d'actes criminels dont il n'a pas senti l'approche). De la part de la congaie, aucune reconnaissance. L'acte du Français lui paraît tout naturel. Qui donc me contredira quand j'affirme que le sentiment de la reconnaissance est inconnu de la race annamite si un Français est en cause?

Le fonctionnaire français encongayé est ainsi fixé en Indochine par sa congaie. Son calvaire alors commence.

Lui qui avec sa pension de retraite pouvait tranquillement terminer ses jours sous le ciel clément de son village natal, il a été amené par sa congaie à terminer ses jours sous le dur climat des tropiques.

Une idée assez courante est la suivante, mais je dis d'abord qu'en général l'observation est fausse : les Français encongayés s'enrichiraient par le travail de leur congaie. La congaie d'un Français est fainéante, paresseuse, vaniteuse. Elle passe son temps à sa toilette, à chiquer le bétel, à rendre des visites à ses amies, à voler son mari (?) français.

Mais cela ne suffit pas à ces petites épouses — et elles arrivent par persuasion à contraindre ce naïf français à travailler jusqu'à l'extrême limite de ses forces, non pas comme chef d'une entreprise, mais comme salarié d'une entreprise privée ou d'une administration de la colonie.

On peut ainsi en Indochine voir des vieillards fonctionnaires retraités de 65 à 70 ans remplir des emplois à titre contractuel.

La congaie exploite son Français jusqu'à l'extrême limite et quand elle estime que ce Français lui est devenu inutile, beaucoup plus souvent que la justice ne le soupçonne, elle le supprime par le poison, l'arme des lâches.

Ces Français qui ont ainsi subi la domination de leurs congaies sont, bien souvent sans s'en rendre compte, des forçats du métissage — et ils n'ont même pas la reconnaissance de leurs enfants qui n'ont que le caractère de leur mère qui, elle, n'a que de la haine et du mépris pour le père !

LA POLYGAMIE

La polygamie est un cas pendable c'est ce que l'on dit en France, mais on le dit en souriant à titre de plaisanterie, car l'homme est naturellement polygame.

La race blanche ne s'est encore qu'en apparence acheminée vers la monogamie, car pour l'homme marié légitimement il y a comme dérivatif la où les maîtresses. Les rois de France Henri IV, Louis XIV, Louis XV l'ont déclaré d'une façon éclatante à la vue de tous, même un président de la 3ᵉ république, Félix Faure l'a démontré à l'occasion de sa mort.

Cette apparence de monogamie n'est pas la raison de la supériorité de la race blanche, cette supériorité résulte simplement du fait que cette race s'est développée sous un climat tempéré.

On peut ainsi comprendre pourquoi le Japon qui vit sous le régime de la polygamie est néanmoins l'égal des pays d'Europe en apparence monogames.

La monogamie ne doit pas être considérée comme un dogme de haute moralité, ou article de foi. Ce n'est qu'un fait.

Le polygame sans nuire à personne subvient aux besoins de plusieurs femmes et de leurs enfants. Il fait ainsi preuve de plus de courage que le monogame qui n'élève qu'une famille restreinte.

Quant au célibataire, ce n'est qu'un égoïste.

Les naissances, dans toutes les races, comportent toujours plus de filles que de garçons. Le polygame permet ainsi à des femmes de trouver des moyens d'existence en dehors de la prostitution.

Jésus-Christ lui-même n'a pas défendu la polygamie. — donc au point de vue chrétien, la polygamie n'est pas immorale et d'ailleurs les trois quarts de l'humanité ne vivent-ils pas sous le régime de la polygamie.

Le principe de la monogamie, élevé par les blancs à l'état de dogme, ne résulte que du fait qu'un homme n'a pas en général les moyens de subvenir aux besoins de plusieurs femmes et de leurs enfants.

L'UNION LIBRE

Ces deux mots « union libre » font pousser les hauts cris aux gens élevés dans l'étroitesse d'esprit de ce que l'on appelle la morale bourgeoise. Ces gens ayant été élevés suivant certains usages de vie familiale en arrivent à confondre ces usages avec la pure morale, alors que la morale se réduit à ne faire aucun mal à autrui.

Le Christ n'est-il pas allé jusqu'à recommander le pardon à la femme adultère? Il acceptait donc l'union libre

Cette religion du pardon et de liberté qu'était à son origine le christianisme s'est malheureusement transformée du fait des passions des hommes pour en arriver aux horreurs stupides des croisades et des guerres de religion. L'église a ensuite réglementé les relations de l'homme et de la femme sous la forme du mariage religieux. Ce mariage religieux n'a aucun rapport avec la religion du Christ, ce n'est qu'une loi édictée par des hommes (hommes d'Église). L'Eglise n'autorise même pas encore le divorce.

Ainsi un homme et une femme mariés religieusement ont perdu toute liberté et sont en fait prisonniers l'un de l'autre.

Est-ce la religion du Christ qui est une religion de pitié et de liberté ?

Qu'est donc un acte de mariage ? Ce n'est en fait qu'une convention écrite entre un homme et une femme ayant décidé de vivre ensemble.

Et si un homme et une femme décident de vivre ensemble, sans convention écrite, qui donc pourra oser de ce fait les blâmer et faire assez preuve de manque de jugement en les accusant d'immoralité. Cela est l'union libre. — l'homme et la femme ont le droit de rester libres, cela n'est pas immoral. Ce qui est immoral, c'est de faire preuve de mauvaise foi et surtout de se désintéresser des enfants qui ont pu naître.

Ces raisonnements peuvent scandaliser des esprits simples. Mais en France ne dit-on pas que « vérité en deçà des Pyrénées, erreur au delà ».

Et nous sommes en Indochine à quatre mille lieues de France !

LA FAMILLE FRANCO-ANNAMITE

Ce qui a été écrit jusqu'ici n'a pas eu d'autre but que d'en arriver au problème du métissage franco-annamite, de la famille franco-annamite telle qu'elle est actuellement et telle qu'elle devrait être.

Je me rappelle un souvenir d'une de mes traversées de France en Indochine. A Singapour prennent passage en première classe une famille chinoise et des Anglais. Le maître d'hôtel commet la maladresse de mettre à la même table les Anglais et la famille chinoise. Les Anglais se sont aussitôt levés et dédaigneusement sont sortis de la salle à manger. Les femmes de la famille chinoise étaient pourtant jeunes et jolies et faisaient l'admiration des passagers français.

Les Français qui ne sont que de jeunes coloniaux (l'empire colonial français ne date que de quelques dizaines d'années) ont beaucoup moins le préjugé de race que les Anglais et les Américains dont l'empire colonial date de quelques centaines d'années et qui, eux, sont par suite de vieux coloniaux. Il n'y a pas égalité entre deux individus de races différentes. Il semble en outre que la répulsion des blancs pour les races de couleur soit proportionnelle à la latitude du pays où ces blancs ont été élevés et on ne saurait s'en étonner.

Du fait du principe de la polygamie, la femme d'Asie est sous la domination complète de l'homme d'Asie. Sa mentalité depuis toujours s'est façonnée à cette condition d'infériorité.

Elle pourra peut-être plus tard arriver au principe de la monogamie, il n'est pas évident que cela soit à désirer.

En tous cas, il lui faudra attendre de longs siècles pour qu'elle mérite d'être presque l'égale de son mari.

La femme indigène d'Indochine est ainsi dans tous les pays de l'Union indochinoise complètement subordonnée à son mari envers lequel elle fait preuve d'ailleurs d'affection et de respect. Son mari témoigne du respect allié quelquefois à un sentiment de crainte (car pour l'Annamite la crainte est le commencement de la sagesse) pour le Français d'Indochine dont il lui est difficile de ne pas reconnaître la supériorité.

Et cependant on peut voir ici en Indochine un spectacle invraisemblable, défiant tout bon sens, tout jugement : de très nombreux Français se sont mariés légitimement suivant la loi française avec leur congaie rendant ainsi cette dernière au point de vue légal presque leur égale. Pourquoi ces Français commettent-ils un pareil acte dont l'imprudence et le ridicule leur échappent — plus ou moins.

On peut trouver à cela plusieurs raisons.

Petit à petit ils se sont laissés prendre dans les filets tendus par leur congaie, dont les artifices de femme d'Extrême-Orient leur échappent. Celle-ci, à la faveur de ses enfants métis, arrive à réduire le Français en servitude et ce dernier, en général naïf, ne se rend pas compte que ses enfants métis dont le caractère a été formé par la mère, ne lui sont pas plus dévoués que sa congaie — qui le supprimera par le poison lorsqu'elle estimera que le moment est venu de se débarrasser de son Français.

D'autres encongayés ont plus ou moins le sentiment de l'infériorité de leur vie familiale comparée à la vie familiale de français unis légitimement avec des femmes françaises. Ils veulent alors ou se faire illusion à eux--mêmes ou faire illusion aux autres français en contractant un mariage légitime suivant la loi française avec leur congaie, voulant ainsi affirmer qu'une femme jaune est l'égale au point de vue mentalité d'une femme française.

Les deux femmes sont différentes et la femme jaune est toujours de basse extraction de sa société indigène qui la méprise — même quand elle se pavane en habits de soie payés par le français.

Le français naïf croyant avec sa femme jaune avoir signé un contrat de mariage n'a en général signé à la mairie qu'un contrat d'esclavage et plus souvent que l'on s'en doute son arrêt de mort. Après la signature du contrat la femme jaune ne reste même pas ce qu'elle était auparavant à l'égard du Français, c'est-à-dire une épouse médiocre. La générosité du Français lui échappe et elle n'envisage son acte que comme un acte de naïveté et alors le calvaire du Français commence — et dure longtemps à moins qu'il ne se termine brusquement par un acte d'empoisonnement — que la justice sera impuissante à élucider, la justice d'Indochine n'a d'ailleurs, par timidité élucidé aucun cas d'empoisonnement d'un Français par sa congaie.

Le Français est tombé sous le joug de sa congaie et ce joug est dur mais bien moins qu'humiliant.

La congaie sans aucun scrupule pour atteindre son but, s'est appuyée sur la générosité du Français et sur l'affection que ce dernier a pour ses enfants métis, affection que ces derniers ne lui témoignent pas en retour car leur caractère a été formé par la mère qui haït le Français trop souvent humilié dans son foyer par la congaie.

Le résultat du métissage franco-annamite a en général été jusqu'ici déplorable (les exceptions sont rares).

Les métis sont tous les mêmes disent ceux qui les connaissent.

Et pourquoi cela ?

C'est parce que le Français chef de famille, ignorant en général la mentalité de sa compagne indigène, a toléré que celle-ci lui manque de respect devant ses enfants.

La famille franco-annamite doit fonctionner dans le cadre fort de la famille annamite pure où le chef de famille est respecté par tous même par sa femme ou ses femmes.

Une véritable épidémie a après la guerre sévi sur l'Indochine sous la forme de mariages légitimes suivant la loi française contractés entre un Français et sa congaie.

Les encongayés tenus en laisse par leur congaie se précipitaient vers la mairie comme des moutons de Panurge.

Une réaction s'impose : la femme d'Asie doit être, s'il ne consent pas à être dupe, traitée par le Français comme elle le serait par un homme d'Asie.

La famille franco-annamite doit raisonnablement fonctionner sous le régime de l'union libre qui n'est pas immorale.

En raison du spectacle ridicule donné par tous ces français qui se sont mariés légitimement avec leur congaie, si un français envisage l'aventualité d'élever des enfants métis il sera sage de sa part de prendre une deuxième femme en vue de maintenir la femme indigène dans son état d'infériorité et d'enlever à la femme dite première l'illusion qu'elle pourra arriver à se faire épouser légitimement et à devenir « madame Française ».

Le français conservera ainsi le commandement dans sa famille et sera ainsi en mesure d'agir efficacement pour la bonne éducation de ses enfants métis.

La femme annamite reste ainsi dans la famille franco-annamite ce qu'elle est dans la famille annamite pure.

C'est une expérience à tenter. Peut-elle réussir ? C'est possible mais cela n'est pas certain. On ne bâtit pas sur le sable mouvant, les Arabes disent qu'on n'écrit pas sur le sable. Un français peut-il avec la collaboration d'une femme annamite fonder une famille digne de ce nom ? l'avenir le dira.

UNE FAMILLE ANNAMITE ET UNE FAMILLE LAOTIENNE

Il y a quelques années voyageant en Annam ; en mission géographique, je suis invité à dîner par un Tông-Dôc chef indigène d'une province équivalente à un département français. Au cours du repas la conversation arrive sur les femmes-

Le Tông-Dôc mandarin instruit, imbu de la morale familiale d'Extrême-Orient me confie alors sans fausse honte qu'il a trois femmes qui sont les sœurs d'une même famille.

Ces trois femmes je ne les ai pas vues et n'ai d'ailleurs pas demandé à les voir — car à l'inverse de ce qui se passa en occident les invités dans les maisons de la haute société indigène ne sont pas reçus par la ou les maîtresses de la maison mais simplement par le chef de famille.

Cela situe le rang de la femme indigène dans la famille indigène.

Les gens élevés suivant les règles de la vie familiale d'Europe pourront s'en étonner, car ils confondent stupidement ces règles avec la pure morale. Mais qu'ils se donnent la peine de réféchir et ils finiront bien par comprendre que la vie familiale de ce Tông-Dôc est irréprochable.

En pays d'Asie le nombre des femmes ne dépend le plus souvent que des moyens pécuniaires dont l'homme dispose pour élever une famille plus ou moins nombreuse. C'est un fait et il n'est pas blâmable.

Autrefois ayant été en mission au Laos je suis entré en relations avec un Châu Muong, chef laotien correspondant sensiblement à ce qu'est en pays annamite un Quan-Phu. Ma congaie dit au Châu Muong qu'elle serait heureuse de recevoir la visite de sa femme, elle voulait sans doute parler de sa femme première. Mais le Châu Muong lui répondit en souriant : « Mais laquelle ? J'en ai trois ». Les trois sont ensuite venues ensemble, (je les ai vues) rendre visite à l'annamite et l'entrevue a d'ailleurs été très cordiale.

Les encongayés ne peuvent que se ridiculiser aux yeux des chefs ou riches indigènes, quand ils contractent un mariage légitime avec leur congaie car ils prouvent ainsi qu'ils ignorent ce qu'est la mentalité d'une femme indigène et la congaie sans aucune reconnaissance ne tarde pas ensuite à les réduire en servitude.

TROIS FAMILLES FRANCO-INDIGÈNES

Les chefs français de ces trois familles ont consenti plus ou moins tôt à contracter une union régulière avec leur congaie dont ils ont subi la loi.

Une congaie avait déjà eu un enfant avec un Français. Ce dernier à la fin de son séjour colonial rentre en France abandonnant la mère et l'enfant.

Un autre Français recueille ensuite l'enfant et la mère qu'il prend comme congaie. Alors qu'il avait déjà eu avec cette dernière deux enfants, une superbe photographie du premier mari (?) ayant trahi son devoir était encore accrochée au mur à la tête du lit conjugal.

Est-ce indifférence ou faiblesse de caractère du 2ᵉ mari ?

Mais ce dernier, devant le manque de tact de cette congaie et son insolence, n'aurait-il pas dû dès le début de la liaison mettre dehors la femme, l'enfant et la photographie ?

Un fonctionnaire ayant une solde élevée, encongayé, déjà revenu de la mairie où l'avait entraîné sa congaie, a tenu le propos suivant devant un Français : ma congaie me dit comme une chose toute naturelle qu'elle aurait mieux fait de se marier avec un coolie plutôt qu'avec lui. Le propos a été tenu devant la femme qui souriait de son triomphe et devant les enfants qni écoutaient.

Où peut être, dans ces conditions, le rôle du père pour l'éducation morale de ses enfants métis, alors que le père n'est même pas respecté dans son foyer par la congaie ?

Un fonctionnaire d'un grade très élevé vit avec une femme indigène dont il a déjà plusieurs enfants. Il lui prend fantaisie d'avoir une deuxième concubine qu'il installe d'ailleurs en dehors de son domicile. La 1ʳᵉ concubine ne tarde pas à l'apprendre car tous les gestes d'un Français sont épiés pas les indigènes tous ligués contre le Français. Une congaie de français pourra faire ce qu'il lui plaira, le Français n'en sera pas averti par les indigènes sous ses ordres cependant au courant de tout.

Pour en revenir à ce qui alors s'est passé, la 1ʳᵉ concubine s'arme de ses enfants en bas âge et va faire un beau scandale chez la 2ᵉ concubine. Le haut fonctionnaire en question s'est incliné et a cessé alors toutes relations avec sa deuxième concubine, montrant ainsi qu'il était déjà sous le joug de la première.

Ainsi un fonctionnaire indigène quelconque sous ses ordres peut avoir plusieurs femmes, mais lui français ne le peut pas parce que sa congaie le lui interdit en vue d'arriver à son but qui est le mariage légitime avec le Français sans qu'il y ait aucun esprit de jalousie car la congaie n'aime pas son Français.

Et cependant ce Français qui se laisse ainsi dominer appartient à la race conquérante.

LẬP MƯU

Combien de fois n'ai-je pas entendu résonner à mes oreilles cette expression annamite.

Le dictionnaire Génibrel définit ainsi cette expression : « méditer quelque ruse, inventer, machiner, ourdir quelque chose de mal, tendre un piège ».

Il est curieux de voir avec quelle facilité les Annamites trouvent des complices pour commettre une mauvaise action même un crime. Pour Hanoï, l'endroit le plus propice pour le recrutement de la bande est le Grand Marché où pullulent les voyous des deux sexes, coupeurs de bourse qui ne vivent que de rapines. Et cependant dans ce marché, il y a plusieurs milliers d'Annamites acheteurs et vendeurs-en général honnêtes- Qu'un voleur (le mot annamite est « giỏ kol » vienne à commettre un méfait, le volé pourra crier « au voleur » personne ne se dérangera pour faire arrêter le voleur ou même infliger une correction sommaire à ce dernier. Car le citoyen honnête, mais presque toujours égoïste, sait bien que son geste de justice peut lui attirer de graves désagréments. En particulier la force publique en ce pays est tellement ignorante de la mentalité indigène que le voleur, avec de faux témoins, arrivera à prouver que son âme est pure et que c'est lui qui a été attaqué par un malfaiteur.

La bande est donc recrutée au Grand Marché. Il s'agit maintenant détablir un lien de solidarité entre ses différents membres. Cela comprend toujours un repas pris en commun. Ils pourront même aller prêter serment dans une pagode. Cela ne s'est-il pas produit pour les assassins de M. Counillon quand ces formalités préliminaires ont été remplies, la bande opère le coup. Mais les gens qui ont organisé la bande se gardent bien de participer à l'action, de peur de se faire reconnaître. La victime sait bien ce qu'il en est, mais comme elle a été attaquée par des inconnus, elle n'arrive que très difficilement à mettre la justice sur la piste des malfaiteurs, et elle a, d'autre part, à compter avec l'incompréhension de la justice rendue par des Français.

Le coup terminé, les acteurs se réunissent, font encore un festin et ensuite se dispersent.

Dans la déloyale concurrence commerciale de transports en commun, ce procédé de recrutement d'une bande de voyous en vue de faire battre le personnel d'un concurrent est très fréquent.

Le Lâp muu fonctionne en général dans le personnel d'une maison habitée par un Français surtout si c'est un encongayé. Le chef du Lâp muu est alors la congaie et le Français ne s'en doute pas à la vue des airs soumis et candides de son entourage et peut avoir un dur réveil à moins qu'il ne se réveille pas et s'endorme dans le sommeil éternel.

La répression contre les attaques en bande de *voyous payés* devrait être extrêmement sévère. La justice ne semble pas à ces délits apporter l'importance qu'ils méritent et cependant, *avec l'aide* de la police de sûreté et surtout des chefs indigènes, elle pourrait souvent faire facilement la lumière.

LE PALAIS DE JUSTICE DE HANOI

Le bâtiment est vaste et imposant. Ses lignes sévères dénuées de fantaisie correspondent à ce que doit être l'aspect d'un Palais de Justice.

Sa façade resplendit au beau soleil des tropiques.

Mais l'intérieur est plus sombre. La lumière se reflète peu sur les faces jaunes des secrétaires et plantons annamites qui y travaillent. Mais cela n'a que peu d'inconvénients, car ces faces jaunes n'ont pas l'oreille des juges.

Plus dangereuses peuvent être les faces moins jaunes des métis demi-sang franco-annamites qui servent au titre français et n'ont dans leur jeunesse, malgré l'aspect physique et l'instruction que leur a donnés le père français, que le caractère que leur a donné leur mère vulgaire congaie de basse extraction de sa société indigène. Des juges peu familiarisés avec la mentalité indigène (et il faut un très long séjour en ce pays pour la connaître 15 ou 20 ans pour les Français vivant en contact permanent avec le milieu indigène) peuvent leur accorder une oreille trop confiante.

L'intérieur du Palais de Justice en arrive presqu'à l'obscurité quand commence l'audition de témoins indigènes dans une affaire quelconque et il faut réellement aux magistrats un œil de lynx pour percevoir la vérité. Les trois quarts des témoins sont ou des menteurs ou des faux témoins. Le Lâp muu fonctionne alors avec la dernière énergie. Mais malheureusement pour les menteurs et les faux témoins, la leçon a été souvent mal apprise ou oubliée quand ces derniers déconcertés se trouvent devant la majesté du tribunal qui les intimide. Il faut avoir personnellement connu les faits d'une affaire pour s'en rendre compte.

On est étonné de la facilité avec laquelle les indigènes adressent des plaintes au procureur général. Cela leur coûte il est vrai si peu, simplement la rédaction d'une lettre. Plus souvent que la justice ne s'en doute, ces plaintes ne sont que du chantage, l'auteur d'une de ces plaintes espérant que son adversaire capitulera par crainte des ennuis et du scandale et si ce dernier ne capitulant pas et laissant l'affaire arriver devant le tribunal arrive à établir que l'accusation est mensongère pourquoi l'accusateur de mauvaise foi n'est-il pas chaque fois l'objet d'une sanction.

La justice par son indulgence encourage ainsi le désordre et perd son temps.

Et je continue par la question des interprètes. En séance publique on peut être certain que ces interprètes assureront leurs fonctions loyalement car ils savent que dans l'assistance il y a presque toujours des auditeurs qui connaissent les deux langues et qui pourraient intervenir en cas de mauvaise traduction.

Mais lorsque l'interrogatoire d'un témoin ou accusé indigène a lieu en dehors du public, il me paraît prudent qu'assistent à l'interrogatoire deux interprètes ; l'un français pur sang, l'autre annamite ou métis, ce dernier ayant un rôle actif, l'interprète français n'étant là que pour contrôler l'exactitude des traductions de l'interprète annamite.

Si un délit sérieux ou présumé tel a été commis en dehors de Hanoi, où par exemple un Français est accusé par des indigènes, le Palais de Justice ne devrait pas recevoir directement cette plainte sans une enquête préalable faite par un chef indigène ayant au moins le grade de Quan-Huyên. Celui-ci saura démêler la vérité parmi tous les mensonges des Lâp mưu. L'enquête de ce Quan-Huyên sera souvent la sauvegarde du français injustement accusé. Je sais par un fait récent qu'un Français étant en cause, le Palais de Justice se contente parfois d'un simple rapport d'un gendarme en principe ignorant la mentalité indigène, cela défie le bon sens.

LA TERRE DU POISON

La terre du poison, c'est l'Indochine. En 1904 alors que j'étais lieutenant à la batterie de Lang-son au cours d'une manœuvre de garnison, je passais une nuit dans une case indigène de Thanh-moi, pays tho race thai. Là j'ai entendu une conversation entre deux Annamites faisant du commerce avec les Tho. L'un disait à son camarade qu'il venait de se marier avec une femme tho. Quoique jeune marié il était cependant inquiet malgré les douceurs de sa lune de miel et disait à son camarade : « Tôi không biêt no co ma gà không ». Ce qui veut dire : je ne sais pas si elle a le « ma gà » ma signifie mauvais esprit, gà signifie poulet. Pendant le jour suivant la superstition annamite (tous les Annamites adultes connaissent cette affaire ma gà) le ma gà n'est qu'un poulet inoffensif mais la nuit il se transforme en mauvais esprit en vampire et suce le sang de la victime qu'il a choisie en la circonstance : l'Annamite.

La seule explication de cette superstition est la suivante : qui a voyagé dans la brousse sait bien que en arrivant à l'étape on ne peut trouver comme viande fraîche que du poulet. Si les Tho sont mécontents des Annamites en question et ne veulent plus les voir venir chez eux, par un procédé radical ils les empoisonnent et le poison agit dans la nuit qui suit le repas. Les Tho sont des empoisonneurs.

En pays moï j'ai également entendu parler de deux Annamites commerçants qui ayant mangé un poulet sont morts dans la nuit.

Pendant que ces Annamites insouciants ou fatigués laissaient les Moïs s'approcher de leurs aliments, les Moïs y versaient certainement le poison.

Alors que j'étais en mission en pays moï de Cochinchine, un de mes tirailleurs détaché seul Annamite pour faire un certain travail en pays moï a commis l'imprudence de donner une giffle à un coolie moï. Cinq jours après le tirailleur tombé presqu'aussitôt malade est mort à l'ambulance de Biên-hoa, accusant formellement les Moïs de l'avoir empoisonné.

J'ai voulu alors me renseigner auprès des Annamites fixés comme commerçants dans cette région moï sur la nature du poison. Je connaissais alors le nom du poison que j'ai maintenant oublié.

Un Annamite tenant boutique me l'a montré. C'est une plante ressemblant à du gingembre que des Moïs à titre d'intimidation avaient fait pousser devant la porte de la boutique. Comme je voulais toucher cette plante et examiner sa racine, le commerçant annamite effrayé m'a conseillé vivement de ne pas y toucher. Je n'ai naturellement fait qu'en sourire. En Indochine à tous les procédés d'empoisonnement se mêle la superstition.

Les Cambodgiens ont la réputation d'être des empoisonneurs.

Au Laos, je n'ai jamais entendu parler d'actes d'empoisonnement quoique les Laotiens connaissent des poisons dont ils se servent pour la chasse en y trempant les pointes de leurs flèches.

Qui ne se rappelle l'empoisonnement de la garnison de Hanoi en 1908 par le datura. Les Annamites sont également des empoisonneurs.

Les Mans de la haute région du Tonkin ont chez les Annamites la réputation d'être des empoisonneurs. Toujours sous la forme de la superstition ils sont désignés sous le nom de « Man nhoi». Il suffit que ceux-ci vous regardent et vous parlent pour que l'on meure dans un court délai. Mais il est bien évident qu'à leurs regards et à leurs paroles ils ont ajouté du poison.

Il y a encore les Man ma So qui, pour se venger, cacheraient un cadavre d'un mauvais esprit à proximité de la porte de la maison de celui qu'ils veulent faire mourir.

Et je suis ainsi amené à citer un fait dont j'affirme la certitude : au Tonkin, un procédé d'empoisonnement consiste à déterrer un cadavre humain, enlever la cervelle plus ou moins liquéfiée et la mélanger aux aliments de la personne que l'on veut supprimer. Dans ce procédé, soit des microbes soit des toxines, peuvent intervenir. Ce poison élixir de cadavre en langue annamite s'appelle « nuoc tâm van toi », ce qui veut dire eau de cadavre. Le goût en est d'ailleurs très amer et c'est bien l'inverse de la méthode Voronoff !

Dans un tel pays que l'on peut désigner sous le nom de doux pays où est donc le laboratoire de toxicologie où l'on peut faire analyser à ses frais telle substance suspecte ?

Je l'ai essayé au Laboratoire agricole de Hanoi et me suis heurté à une fin de non-recevoir très nette sous la forme personnel insuffisant et j'estime que la réponse était sincère et ne correspondait pas à une incuriosité scientifique.

L'Administration de l'Indochine peut se rendre compte, par mon exposé, que la création d'un laboratoire de toxicologie s'impose et que le service de la justice doit poursuivre avec sévérité toute tentative d'empoisonnement sans attendre que l'intéressé soit mort pour ensuite être disséqué sans résultat.

Un médecin pourtant estimé au Tonkin me disait il y a quelques mois que les Annamites ne connaissaient comme poison que le datura et la noix vomique. Quelle erreur de raisonnement ! On peut dire que l'on ne connait que telle et telle chose mais non dire que telles autres choses n'existent pas. Les

poisons employés en Indochine sont multiples ; les intéressés
le savent. Une étude scientifique sérieuse s'impose.

DEVANT LA MORT

Dans mes appréciations je n'ai pas été tendre pour les métis
et leurs mères. J'ai simplement voulu dire que trop d'entr'eux
étaient indignes de vivre avec des Français ou indignes du nom
que leur a donné le père Français. Je n'ai pas dit qu'il ne
pouvait pas y avoir d'honorables exceptions mais elles sont
trop rares et c'est pour qu'elles deviennent plus fréquentes
que j'ai écrit ce livre qui est non un livre de haine mais un
livre de vérité.

J'avais une fillette métisse morte récemment à l'âge de treize
ans. Elle avait été éduquée par les sœurs de Saint-Paul de
Chartres (pensionnat Sainte Marie).

C'était l'une de leurs meilleures élèves se plaçant dans les
compositions même avant des élèves de race pure française
plus âgées qu'elle de plusieurs années.

Après une longue maladie, le médecin traitant l'avait, deux
jours avant sa mort, condamnée médicalement.

Quelques minutes avant sa mort elle m'a dit en français : « Je
vais mourir, j'aime tout le monde », je lui ai simplement répondu
« mais non Jeannette tu n'as qu'un accès de fièvre, demain tu
seras guérie et tu sais bien que tout le monde t'aime ».

Etant seul à parler français à la maison, j'avais compris
qu'elle me faisait ses adieux.

Ensuite des parentes de sa famille annamite tout en récitant
à voix basse en annamite ce qui m'a paru être une leçon de
résignation et une consolation pour la mort prochaine lui
demandaient toujours en annamite : « aimes-tu telle parente »
et elle répondait en annamite : « Co » ce qui veut dire oui.
Tout cela n'a pas duré dix minutes.

Ma petite Jeannette, toi si douce, si affectueuse, si stu-
dieuse, tu as vécu et tu es morte comme une petite sainte
c'est pourquoi ton père t'a dédié ce livre. Et songe bien que
ton père surveille ta petite sœur Marie que tu aimais tant.

Hanoi, le 23 octobre 1928.

www.ingramcontent.com/pod-product-compliance
Ingram Content Group UK Ltd.
Pitfield, Milton Keynes, MK11 3LW, UK
UKHW020132080726
13614UKWH00005B/2200